私の恋人に
ならなくていいから、
誰のものにも
ならないで

Presented by
Riomeko

りおめこ

「あの子より私は幸せ」とか
「あの子より私は大切にされてる」とかじゃなくて、
誰かと比べなくても私は本当に幸せで、
大切にされてるって思いたい。

私じゃなくていいだなんて、思いたくない。
私だから一緒にいてくれるんだって、思いたい。

私が貴方を選ぶのは簡単なのに、
好きな人に選ばれるって、とっても難しいこと。

叶わない恋だと諦めかけていた彼からの急な告白。
思いもよらない急なサプライズ。
その瞬間「私が今世界で一番幸せだ」と流した嬉し涙。

ずっとずっと信じていた彼の浮気が発覚した時。
咄嗟の一言で彼を傷つけてしまった時。
その瞬間流れた、悲しみや後悔の涙。

色んな涙で女の子の恋愛は出来ている。

CONTENTS

CHAPTER 1

痛いくらいの嫉妬と独占欲を貰えなきゃ「愛してる」なんて信じらんない

JEALOUS LOVE

CHAPTER 2

こんなに大好きな人がいるって、何よりも幸せなことだよ

HAPPY LOVE 049

CHAPTER 3

終わった後でも「幸せだった」って言えるような恋愛をしよう

LOVE HURTS 081

CHAPTER

4

人生も恋愛もつらすぎるうえに面倒くさいな

CHAPTER

5

女も男もめちゃくちゃ面倒でクズで自分勝手で最低だけど、最高

HUMAN HIGHEST

STAFF CREDIT

デザイン／chichols

カバー写真／kana

カバーモデル／asami

DTP／尾関由希子

校閲／麦秋アートセンター

CHAPTER

1

痛いくらいの嫉妬と
独占欲を貰えなきゃ
「愛してる」なんて
信じらんない

JEALOUS LOVE

01

愛情なんて
歪んでれば歪んでるほど
愛されてるって感じるもん。
これまでの真っ直ぐな愛情が
いつか折れ曲がってしまうのを
見るのがつらいので、
最初から屈折した愛が
欲しいって話です。

02

彼に嫌われてるなんて
思ったことない。
好かれてる自信はある。
でも愛されてるなんて
思ったことない。
愛されてる自信なんて
どうせこの先もずっとない。

03

「私の代わりなんて山ほどいる」って
事実は悲しいけど、
「私があの子の代わり」だって
事実はもっと悲しい。
あの子のコピーにはなれないし、
オリジナルの私は愛されないんだよ。

04

「あいつが一番好きだった」なんて
一生掛けても言って貰えないだろうから、
だったら「あいつが一番好きでいてくれた」って
思ってほしいな。
一つでも貴方の中の一番が欲しいから、
少しでもたくさんの
「大好き」が伝わるように私頑張るの。

05

「幸せ」って思わせる理由も
「つらい」って思わせる理由も、
全部私なら良かった。

06

容姿に恵まれない私は、
美人の何倍も何倍も我慢して
いい子でいることでしか彼に認められる方法が無い。
ワガママな美人よりも、
物分かりのいいブスを選んでくれる人に
選んで貰うしか、孤独から抜け出す方法が無い。
我慢はブスが異性に選ばれるための
唯一の手段なのです。

07

「なんか急に寂しくて
知り合いに片っ端から連絡したら
お前がたまたま来た」
くらいの運の良さでいいから呼ばれたい。
それくらいの需要でいいから必要とされたい。

08

好きになるにもいちいち許可取りたいわ。
「好きになってもいいですか？
困りませんか？
大丈夫ですか？」って。

好きな人が
くれたものだから、
この「寂しい」も大事にする。

CHAPTER 1
JEALOUS LOVE

いい子だから
大丈夫。

09

誰かのせいにして生きていくよりも、
全部自分のせいにして
生きていく方が
私には幾分か罪悪感も無く、
楽な生き方でした。

10

寂しがり屋な人は
部屋が汚いっていうの、
わりかし合ってるかもしれない。
寂しい時は部屋汚したいもん。
なんでか分かんないけど。

11

「あいつ本当、顔だけだよな」って
陰口叩かれる人間羨ましいな。
たとえ顔だけだとしても
何も無いより優れてるから。
圧倒的に。

12

束縛されて、嫉妬されて、
独占欲を剥き出しにされてないと
愛なんて感じられないって思ってるけど、
それでも彼から「好きだよ」と言われると
秒速30万キロの速さで
「ぼきゅもだゆ～♡」となるので
やっぱり私偏差値2です。

13

女は、
〈彼氏と上手くいっていない日の
寂しい夜に
電話で話を聞いてくれる男〉と
高確率で浮気をする。
その相手にはよっぽど暇じゃない限り、
「ワンチャンあってもいいと思える男」
しか選ばない。
選ばれればヤレる。
ほぼ確実にヤレる。

14

浮気するなら
バレないようにしてくれって
感じだけど、
大好きだったらバレたところで
どうせ許しちゃうから
まあ適度にやってください。

15

極論言うと生きてるだけで可愛がられたい。

EPISODE

叶わない片想いだと思うなら、一気に彼の領域に攻め込むべき

「片想いがなんだかんだで一番楽しいよね〜」って言う子と、「片想いマジ地獄」って言う子がしている「片想い」って、全然別物なんですよね。

前者のは、相手が自分と仲良くしてくれてて、相手の周りの女の子より自分が特別扱いされてる気がして、定期的に連絡が来て、二人でお出かけしたりして二人だけの思い出があって、「告白したら付き合えるでしょ」と周りの友達にも背中を押してもらってる、少

女マンガ系片想い。そりゃあ楽しいぜ。だって友達以上恋人未満なんだもん。

後者のは、相手に彼女や好きな人がいたり、なんだか自分より親しげな女の子がいたり、自分とはそんなに仲良くないのにめちゃくちゃモテたり、連絡先は知ってるけど返事が素っ気なかったり、友達に相談しても神妙な面持ちで「諦めたら？」と言われちゃうタイプの片想い。

このタイプの片想いを、キラキラ少女マンガ系片想い→念願の両想いに変えるには、〈相手をよく知るための接点〉を持つところから始めないとどうにもならない。本当に基本的なことですけど自分から話し掛けて相手を知り、自分を知って貰う。そうするうちにもしかしたら自分から「あれ？　この人とは無理かも」なんて思うこともあるはず。

連絡しすぎるとそりゃあ「しつこい」って思うし、思われるだろうけど、そのまま何も出来ずにじっと指をくわえたまま、意中の彼がそこら辺の女に持っていかれるところを見ているよりかは全然いい。

恋愛も仕事も全部同じで、自分からなんでもグイグイ行かないとチャンスって掴みづらい。もちろん容姿端麗で、性格も明るくてチャンスの塊みたいな女だっていいます。そういう女はそのままでいい。でも自分がそうじゃないと思うなら、わりとグイグイ行っちゃおう。

「当たって砕けろ」とはよく言ったもので本当にそう思う。

「好きです」の一言で、付き合えはしなくても彼にとって特別な女の子にはなれるかもしれない。一時の恥より、一生の後悔の方がずっとずっとつらいものです。あの時私が気持ちを伝えていたらどうなってただろうなんて考えるくらいなら、いきなり告白して「すげえ女だったな」と彼の記憶に残りたい。私だったら。

16

毎日「愛してるよ」と言われないと
愛されてるかどうか分かりません。

17

嘘でもいいから「分かった」って、
嘘でもいいから「大変だったね」
「頑張ったね」って
言われたかっただけでした。
優しい嘘を少しでも多く貰いたかった
なんてワガママも、
貴方に言えなかった私が悪かった。
素直に真っ直ぐ生きることを
覚えなかった私が悪かった。

18

〈私のことが好きすぎる〉って理由だけで
2時間怒られたい。

19

肉体的でも精神的でも、
金銭的でもなんでも良かった。
なんでもいいから必要とされたかった。
何にも困ってない彼の傍にいると、
毎日毎日存在意義が
分からなくてつらい。
何で私を選んでくれたの？
私じゃなくても平気なんだろうなって。

20

本当に特別かどうかは別として、
私は特別なんだなって思えたらいい。
あの子よりは
可愛がられてるって思えたらいい。
この人にだったら
全部見せてもいいって思えたらいい。
久々に会った時に「会いたかった」って
抱きしめてくれたら、
もうそれだけでいい。

21

蛾は蝶にはなれないけれど、
セフレは彼女になれるかもしれないと信じて、
今日も懸命に生きよう。

22

「好き？」って聞いたら
「言わんでも分かるやろ」って
言われるの無理くない？
言ってよ！
言って分からせてよ!!

23

私がいなくなったら彼にはきっと、
もっと可愛くて、気が利いて、賢くて、
頑張り屋さんの彼女が出来るから。
すごく嫌だし気に食わないけど
仕方ないんだって。
私が悪いから。全部。

24

好きな人に
「好きなだけ力を込めて
私の首を絞めてみて」って頼みたい。
どうせ生き延びちゃうんだろうけど。

25

好きな相手に
「どれくらい私のこと好き？」
とかいう
クソ面倒くさい質問をする時って、
一体どんな返事が返ってきたら
自分は満足出来るのかな。
考えた結果、
「好きすぎて殺したいくらい」って
言われれば
その日一日くらいは
ご機嫌でいられる気がしてる。

26

疑うのは簡単。
信じるのは難しい。
でも、信じた方が
疑い続けるよりも
何倍も何倍も
幸せで楽しかった。

貴方よりいい男の人が
この世にたくさん
いることくらい
分かってる。
それでも貴方が
いいんだよ。

私よりいい女の人が
そこら中に
いることだって
知ってる。
それでも私のことを
選んでほしいんだよ。

27

「好きな人」がいるから
一人の時間が寂しくなって
不安になるけど、
そもそも「好きな人」なんていなけりゃ
私は寂しくもないし、不安も無い。
面倒くさい女になる必要も、
重たい女になる必要も無い。
泣かなくていいし、
愛される努力もしなくていい。
楽だよ、超つまんないけど！

28

私には本当にもったいないくらい
素敵な貴方に
「一生一緒にいてね」なんて
おこがましいので、
とりあえず
「貴方が私に飽きるまでの間
一緒にいてね」って思ってます。

29

必要としてくれる人が必要だし、
逆に言えば
必要としてくれない人なんて
私には必要ない。

30

めちゃくちゃ甘えるか
めちゃくちゃ甘えられるかして生きていきたい。
毎日ドロッドロにとろけて生きていきたい。

31

元カノの名前とか
浮気相手の女の名前とか知っちゃうと、
今後何があってもその女と同じ名前の女を
好きになれない事案が発生する。

32

私にとって「いなくなられたら困る相手」が、
私がいなくなっても困らないって
心のどこかで分かっちゃうと、
あとはメンタルが負の無限ループスパイラル。
あれ、私の存在意義は？
あれ、何のために頑張ってるんだっけ？
あれ、なんであんなに泣いたんだっけ？って。

33

「あなたがいなきゃ生きていけない」は
流石に言いすぎた。
「あなたのいない世界で
生きていきたくない」が適切かな。

34

自分のことなんて大っ嫌いだけど、
好きな人が「可愛い」って
なでなでしてくれてるあの瞬間だけは
マジで世界で一番可愛い気分。
好きって気持ちは本当に凄い。
彼の一言一言全部が魔法。

35

相談してきた相手にとって
都合のいいアンサーを考えるのが
女の友情だっていうなら、　私は
「すっげえつまんねえし、
すっげえ薄いな」　って
思っちゃいますね。

36

貴方とじゃないなら
運命なんて信じない。

37

好きなのに一緒にいられないことも
つらいんだろうけど、
一緒にいるのに
信用出来ないこともつらいから。

1年後の大きな約束を
楽しみに待つよりも、明日の
「どこにごはん行こっか」
「なんの映画見よっか」を

CHAPTER 1
JEALOUS LOVE

365個、一緒に叶えて
1年後を迎えたいんです。

EPISODE

彼女持ちの男を好きになるのはいいけど、略奪で始まる恋は略奪されて終わるから

彼女がいる人を好きになってしまった……この手の悩みは絶えません。「やっと好きな人が出来たと思ったらまさかの彼女持ち～！」。傷つく気持ちもよく分かりますが、ここは一旦冷静になって考えましょう。

仮に想いを寄せる彼と仲良くなってイイ感じになれたとする。毎日ハートマーク付きのＬＩＮＥ。寝る前に少しだけする電話。彼女の愚痴だって聞けるかも。これは脈アリの予感！　ここまではセー

フです。

もしそれで晴れて「彼女と別れて付き合ってくれました！」となってもですね、彼が貴女以外の女の子に、毎日ハートマーク付きのLINEをして、貴女といない日は毎回他の女の子と電話をして、貴女と喧嘩した日には他の女の子にしこたま貴女の愚痴を吐いて、貴女が言ったように「別れちゃいなよそんな子〜」なんて言われてたらどうします？　浮気です。完っ全に浮気じゃないですか。

略奪で始まる恋は略奪で終わる。なので彼女持ちの男の子を好きになってしまった時は大人しく別れるのを待ちましょう。それが1ヶ月後かもしれないし、もしかしたら1年後、いやそのまま結婚だって有り得ます。想えるだけ想ってたらいいし、その間に貴女に他の素敵な人が見つかるかもしれません。焦らず、慎重に。

自分自身より
愛した人だったから、

CHAPTER 1
JEALOUS LOVE

本当に傷ついたんでしょ。

CHAPTER

2

こんなに大好きな人が
いるって、
何よりも幸せなことだよ

HAPPY LOVE

01

「連れていきたいところ見つけたから
早く会いたい」なんて言われたら、
私といない間にも
私のことを考えてくれてたんだ
なんて思って嬉しくなっちゃう。

02

「好きだよ」って言われるのは好き。
だけど「俺のこと好き?」って
不安そうに聞かれるのも大好き。

03

好きな人から貰えるなら
安物の指輪だって、
適当な紙に書いた手紙だって、
なんだって嬉しい。
お金なんかよりも、
彼が私のために
何かをしようとしてくれた
その気持ちが一番嬉しい。

04

結局女は自分を一番可愛く
いさせてくれる男といるのが、
一番幸せってもんよ。
中身だろうが外見だろうが、ね。

05

私が他の男に
尻尾振ってるところを想像して、
仮に少しでも貴方が
「面白くない」って
思ってくれるんだとしたら、
私はもうそれでいいです。幸せです。

06

私は私のこと好きでいてくれてる人間
全員を幸せにしたい〜！！！

07

友達に「あいつ俺といて幸せかな？」って聞く彼氏、
最高に可愛くないですか？

08

手を繋いだ後でもいい。
ぎゅーってした後でもいい。
添い寝した後でもいいし
セックスしてる最中でもいいから、
「こんなこともう他の男としたらダメ」って
言ってほしい。その一言が完全に
マイハートにクリティカルドキュンするということを
分かってほしい。

EPISODE

運命はきっとあるし、あなたをいい方向に導いてくれるはず

運命を信じてやまない私が、運命を信じ続けて良かったと思うことがあります。それは、全ての物事に諦めをつけて、未練を残さずに済むことです。どれだけ好きになった人がいても「彼がもしも運命の相手なら、お互い他の人と恋をしても、きっとまた巡り逢える」と思えることです。

彼がどれだけ素敵な人でも、運命じゃなければそれまで。万が一彼が運命の相手じゃなかったとしたら、これからもっと素敵な人に

出逢えると思っています。私はこの考え方でだいぶ救われたので、皆さんにもおすそ分けです。

酷い目にあったつらくて忘れられないような恋愛は、大きな隕石にぶち当たってしまったのと同じくらい、運が無かったと思って次に進むのもいいかなと。何にせよ歩かなきゃ進みません。それでも忘れられないなら、ありとあらゆるもののせいにして、ブチギレて忘れましょう。

「私をこんなに泣かせやがって！」「お前みたいなクズをこんなに愛せる女私しかいないのに見る目ねえな！」なんて愚痴ってみれば案外スッキリするかもしれません。大丈夫、悪いのは貴女じゃない。貴女の運が悪かっただけ。そんなに自分を責めないで。

09

「あれ？　私この人のこと
気になっちゃってるのかな？」とか
「なんか好きになっちゃうかもしれない」って時期。
そのあと好きになるか、好きにならないままかの
どちらかの確信に変わるじゃないですか。
短い期間なんですけど、
自分の気持ちの変化にソワソワするの、好き。

10

彼にとって100点のいい女には到底なれないけど、
彼のことを私の100%で大切に出来る自信だけは
めちゃくちゃある。

11

「今までで一番好き！」って毎回言ってるけど
本当に今までで一番好きだからごめん！

12

今日も今日とて、
他人からの「愛してる」は
好きな人からの「可愛い」には
勝てないのである。

13

こんなに好きにさせたんだから、
最後の最後まで
きちんと責任取って。

14

「好きになったら負け」「惚れたもん負け」って
ずっと思ってたけど、
彼みたいな素敵な人を好きになれた私は
絶対に幸せ。
彼のお陰で私は今日も惚れたもん勝ち。

15

誕生日プレゼントはロマンチックが欲しい。

16

ブラのホックを片手で適当に外されたら
イラッとしないの？
私は頭撫でられながらちゅーされて、
両手で外してくれないと嫌だし、
なんならちょっと手こずった彼と
おでこくっつけながら笑って
またちゅーされてえわ。

17

責任もって可愛がってくれないと困る。

後悔したくないから、
最低一日一回は

「大好き」って伝えます、
ちゃんと。

18

「欲しい」って言ってくれる人が欲しかった。

「必要」としてくれる人が必要だった。

それが貴方なら尚更いいです。

19

「いい子でいよう」とか
「ワガママ言っちゃダメだ」って
頭で分かってるけど
理性が利かないってくらいの
恋愛がしたい。
メンヘラ起こして、
その度になだめられて、
そんな自分にも優しい彼にも
酔っていたい。
大人じゃいられなくなるくらい
愛させてほしい。

20

思い出しただけで
心臓がきゅ〜んってなるこの感じ。
思い出しただけで
ほっぺたが温かくなるこの感じ。
いつ思い出しても「好きだなあ」
「幸せだったなあ」ってなるような
思い出をくれる人が本当に好き。
匂いも私に触れる時の手の感覚も
笑った顔も鮮明に思い出せるくらい
ドキドキさせてくれる人が好き。

21

「お前が一番分かってくれてる」だの
「本気で好き」だの
「ずっと一緒」だの「離さない」だの、
嘘なのも嘘になることも分かってます。
それでもその言葉を私にくれたってだけで
もう充分嬉しいので、
にこにこはなまる賞をあげちゃいます。

22

また誰かほかの人は好きになれるだろうけど、
狂おしいほどには愛せないし愛さない。

23

昔は一緒に寝てて
相手から手を出されないと
「私のこと好きじゃないの?」って
思ってたんですけど、
今は腕枕で脚を絡める添い寝で
最高に幸せだし、
なんの心配も無いし、
ちょっと自分の精神が
大人になったのではないかと思います。
老いだとか言わないでください。
やめてください聞こえません。

24

「貴方じゃなきゃダメな理由」は
一つも無いけど
「貴方がいい理由」は
たくさんあるから。

25

「他の男と遊んだところで
お前は俺しか好きになれんよ」っていう余裕と
「○○くんとだけは会っちゃダメ！
お前が好きになったら困る！」っていう嫉妬を
7対3くらいの割合で
使いこなせる男が最高に好きなんだけど、
本当に誰か分かってほしい。

26

わざわざ言葉にして伝えはしないけど、
私が貴方の横で笑ってる以上、
私には貴方が必要だよ。私が悪いから。全部。

27

友達と、
好きな人との思い出話とか
惚気話《のろけばなし》とかしてると、
その場に好きな人がいるわけでも
何でもないのに、
勝手に好き度が増してって
脳内のセロトニンの分泌量がやばい。

28

「彼とあんなことしたいな」
「彼とあそこに行きたいな」なんて
ふわふわ妄想してるだけで
胸がキュンって熱くなるような時期が
一番好きかもしれない。

29

寒くなるとよく見かけるほっとレモン。
大好きなんだけどさ。
それは美味しいからとかじゃなくて、
大好きな誰かを待っていた時の味がするから。
きっと今年も大好きなあの人を待つ時の味。
ほっとレモンが冷たくなる頃にはきっと、
あの人が私のことを温めてくれるもん。

一度「会いたい」って
言っちゃったら

「会いたい」が
止まらなくなるから
言わないもん。

30

ハイブランドを買うのも、
高いコース料理を食べるのも、
記念日とか誕生日だけでいいの。
私は、猫なで声で名前呼ばれて、
ぎゅっとしたら
ぎゅっと返して貰えるだけで
幸せなの。
身に着ける物の質よりも、
二人で過ごす時間とか、
交わす言葉の質をあげる方が、
私はよっぽど幸せなの。

31

顔も可愛くない。
お口もよろしくない。
頭も悪いし、
日本語もまともに喋れない。
ワガママで怒り方も可愛くないし、
寝相も良くない。
お化粧も適当で女子力もないけど、
それでもこんな私を
好きって言ってくれるなら、
本当の本当に
大切にしてあげたいと思ってます。

32

「会いたい」って言ったら
彼を困らせてしまうんじゃないかって、
言いたくてもなかなか言えない女の子なんて
たくさんいるし、
男の子側からの「迎えに行くよ」とか
「帰っておいで」だけで
めちゃくちゃ幸せな気分になれる女の子も
たくさんいると思うんだよね。

EPISODE

男の子は前を歩かせてなんぼ、女は小走りでついていくくらいがいい

やっぱり男らしい男の子が大好き。そんな私が決めている、大好きな彼を男らしくいさせるための必要事項というものがあります。

第一に彼の男友達や職場の方と会う機会があったら、死ぬほど彼を褒めること。「しっかりしてる」「かっこいい」「真面目で努力家」、何でもいいから褒める。いつか回りに回って「彼女がお前のこと褒めてたぞ」なんて話題になったら、彼はきっと嬉しいでしょうし、いい男でいようって思ってくれるはず。逆に周りの男の人に愚痴っ

てばっかりだと、それが彼の耳に入った時に「何かあるなら直接言ってこいよ」と思うはず。

第二に同棲してるなら必ず沸かしたお風呂には彼に先に入ってもらう。私の母親がそうでしたから。一番風呂は外でお仕事を頑張ってきた男の人の特権です。もちろん女の子もお仕事を頑張ってるのは分かりますが、男の子は案外そういう「男の子扱い」が好きだったりします。

この話を仲のいい男友達にしたところ「俺は女は一歩下がってついてこいとは思わない。俺が一歩先を行くから振り返ってついておいでって手を差し伸べるような恋愛がしたいかな」とのことでした（あらやだかっこいい）。やっぱり男の子は前を歩かせてなんぼ。女の子はちょっと小走りで笑顔でついていくくらいが一番可愛いと思うのです。

彼に何故か急に起こされて
驚いてる私に、
「早く準備して！
デート行こう！」と

CHAPTER 2
HAPPY LOVE

微笑んでくれる
キラキラホリデー
まだですか。

CHAPTER

3

終わった後でも「幸せだった」って言えるような恋愛をしよう

LOVE HURTS

テストを受けてて、
答えが分かってたら
解答用紙埋めるだろ。
合ってれば何点か貰える。
なんで恋愛だと
「分かってるけど行動に

移せない」となるのか。
そんなんだからお前の
恋愛0点。白紙で出すな。
せめて解答用紙埋めようと
する姿勢くらい見せろ。
名前くらい書け。

01

「寂しい」に慣れさせるような男なんて
やめとけよ。

02

別に好きじゃなかったのに
ただ都合が良くて、
「大好き♡」の言葉だけで
毎日繋ぎ止めてたら、
いつの間にか
本気で好きになってたことがあるから
言葉ってマジで魔力ある。

03

「付き合ったところで
いつか別れるから付き合わない」って
理不尽すぎない？
食べたところで
いつか消化しちゃうから
食べないみたいな？
買ったところで
いつか壊れるから買わないみたいな？
いつか死ぬんだから
生まれたくないみたいな？
うるせえ付き合え、そんで頑張れや。

04

「あの時たまたま
彼に彼女がいなかったから
付き合えた」とか
「たまたまあのバーに行って
出逢った」とか
「急に仕事が休みになって
暇で出歩いてたら出逢えた」とか、
ラブストーリーは
いつも突然になのですよ。
ドラマみたいな急展開は
リアルにも存在します。
人生なんてタイミング。

05

他人より顔が可愛かろうが可愛くなかろうが、
痩せてようが太ってようが、
頭が良かろうが悪かろうが、
お金を持ってようが持ってなかろうが、
最終的に自分が一番大切な男に
一番愛されてる女が勝ちです。

06

私じゃなきゃダメな理由なんか
ほとんどの人間が貰えないんだから
「お前でもいい」って
思って貰えたってことに
妥協したらいいと思うんだよね。
今一緒にいてくれる人に
「お前でもいい」とすら
思って貰えない人もいるわけだし。
ラッキーじゃん、
自分で妥協して貰えて。

07

「全く見返りを求めない」なんて
限界がある。
耐えられなくなって
逃げ出すくらいなら、
終わる前に少しくらい
ワガママ言っちゃおうよ。

EPISODE

都合の良い女と使い勝手のいい女は違う

「結局都合の良い女が一番可愛い説」が存在すると本気で思っているのですが皆さん如何でしょう。

呼ばれたら急いで会いに行ってしまう。ついついお風呂掃除や洗濯物、お料理まで手を焼いてしまう。さっぱりした物が食べたい時でも大好きな彼にラーメンに誘われたら断れない。どうですか？　都合良いけど可愛くないですか？　呼ばれても「やだ〜」と駄々をこね、家事もせずにテレビばっかり見て、彼の決めたデートプランをことごとく否定する都合の悪い女に比べたらめちゃくちゃ可愛くないですか？

逆に、彼に彼女がいて付き合えないと分かりつつもやっぱり好きなので誘われたら股を開いてしまう。彼が欲しいと言ったものは買ってあげてしまう。彼が働かないので自分が養ってしまう。これは都合の良い女と見せかけてのバカな女です。可愛くない。ただ使い勝手がとてもいい。オナホであって財布。

都合の良い女と、使い勝手のいい女。似てるようで全然違うんですよね。ただどちらも男の子からすると急にいなくなると寂しい相手には間違いありません。でも身を滅ぼす前にしっかり考え直してみてください。後悔すると分かっている恋愛は、早いうちに切り上げるのが吉です。

08

いい子でいたら報われるって
信じてたんだよね。
それなのに我慢したこと
伝わらなかったんだよね。
彼一人に伝われば良かったのに、
肝心な彼には
全く伝わらなかったんだよね。
だから自分の思う
いい子じゃ足りないって、
私の努力不足なんだって
思うんだよね。
違うからね、頑張ったからね。

09

人生諦めが肝心。
好きでいることを諦めるか、
忘れることを諦めるか。
注意点としては、
諦めるなら諦めきること。
白黒つけて
自分に正直でいること。

10

『二兎を追う者は一兎をも得ず』って
ことわざあるけど、
二兎しか追わねえから一兎も得られねんだよ。
『下手な鉄砲も数打ちゃ当たる』って言うだろ。
数行け、数！

11

遠距離恋愛。

報われない片想い。

彼氏が浮気性。

どれだけつらい恋愛でも、

友達に「やめろ」って言われたって

どうせやめられないじゃん。

飽きるまで続けようぜ。

そのうち飽きる時まで

何年経とうが続けようぜ。

泣いて大切なものを失った分だけ

女は強くなるんだぜ。

12

相手の携帯を勝手に見たところで
「見たらいけないこと」があるか
「なんにもない」かのどっちかで
「いいこと」なんて
ないのになんで見んの?

13

失ってから気付いても
遅いのかもしれないけれど、
失ったことにも
気付けないヤツよりは
全然いいと思うよ。
何を失ったかも分からないヤツよりは
全然いいと思うよ。

14

とりあえず3分の1でも
気持ちを伝えていかないと、
全部伝わる日なんて
ずっと来ないもんね。

15

片想いなんて出来て3ヶ月。
私が男だったら、欲しい女は、
知り合ってから
どれくらい経ったかなんて
関係なく付き合いたいし、
傍に置いておきたい。
自分の彼女にして安心したいし、
彼氏として相手を守る権利が欲しい。
3ヶ月以内に
彼にそう思ってもらえなかったら
もうこの先付き合える可能性は
無いと思う。
そこで引けば傷も浅い。

16

都合の良い女は
一緒にいる時間が長ければ長いほど愛着が湧く。
気が付けば彼にとって
手放すのがちょっと惜しい存在にはなれる。
愛だとは言わないけど、愛着は絶対湧く。
してきたことは無駄じゃないよ。

17

中途半端に騙されて終わった恋愛は
「思い出したくもない過去」になるんだろうけど、
全力で信じた結果、騙されて終わった恋愛は
「私って馬鹿だった」って笑って済ませられるよ。
同じことを繰り返さないための
「いい勉強」になるよ。

他人を変えるより
自分が変わる方が
簡単だって。

逆に自分が変われないのに、
他人を変えたいなんて
図々しいにも程があるって。

18

「恋人を信じられない」って言うなら、
信じられる人と付き合えば良かったと思うんだよね。
「この人なら信じられる!」と思えるくらい
人間性を見定めてから付き合うのも
大事だと思うの。それか
「この人になら裏切られても構わない」と
思える相手を信じて付き合うこと。
疑いまみれの恋愛はつらいでしょ。

19

割れたガラスは、くっつけて貼り付けていけば
形は元に戻るんだろうけど、
根本的なヒビっていうのは
ずっと残ってるし、
更に前より脆くて壊れやすいよね。
もしかしたら衝撃で欠片《かけら》がどっかに行っちゃって、
二度と見つけらんないかも。
アイジョーとかユウジョーに似てるな。

20

忘れるとか忘れられないとか、
そんなんじゃなくて。
忘れたかったから忘れた。
難しく考えたって
答えなんて出ないし、
覚えておきたいことは覚えておく。
忘れたいことは忘れる。
どうせまた幸せになれる。

21

今隣にいる彼が、
今「好きだよ」って
笑ってくれた彼が、
夜ご飯の献立を
一緒に考えてくれた彼が、
何回も喧嘩して
何回も仲直りしてくれた彼が、
明日のこの時間も
明後日のこの時間も
自分から離れないって
確証なんか無いのに。
戻れなくなってからじゃ
遅いんだって、本当に。

22

たまにあるじゃん
「今なら振られても傷つかなさそう」
「今ならこの関係が終わっても
泣かずに済みそう」みたいな時。
あれ多分
恋愛に疲れた時期だと思うんだよね。休も。

23

気になることでも安易に聞かない。
向こうから報告してこない時点で察するようにしてる。
しれっと嘘ついてくる男、いるじゃん。
少しでも嘘をつかれる回数を減らしたいなら
聞かないこと。
好きな男に嘘をつかせちゃうことほど、
悲しいことってそうそう無いでしょ。

24

離れてる間に「寂しい」って
思えなくなったら終わり。
「寂しい」って
思って貰えなくなったら終わり。

EPISODE

片想いセフレからの脱出。セフレだって本カノになるチャンスはある

セフレから彼女になれるかなれないかなんて、完全に自分次第だとは思いませんか？　彼から見れば貴女はセフレなんでしょうけど、逆に言ってしまえば貴女から見ても彼はセフレです。貴女がセフレのことを好きになったのであれば、逆に彼がセフレの貴女を好きになる可能性だって存分にあるんです。そう思いませんか？

個々の貞操観念がガバガバのこのご時世、身体の相性を確認せずに付き合うなんて内見もせずに家を借りるくらいリスクがあると言っ

ても過言ではありません。周りのカップルも8割以上が身体の付き合いからスタートした交際です。

身体の関係を持てた時点でまず貴女には「彼が抱こうと思えば抱ける女」という立ち位置が与えられます。人間誰しも生理的に受け付けない人だっているので、まず第一関門突破です。あとは身体の関係を持たずとも付き合うまでの流れと同じ。相手に自分を好きだと思わせられるかどうかの問題です。ワンナイト以上の回数を重ねているのであれば身体の問題はほとんど無いでしょう。

残りは気持ち。彼がどのような基準で人を好きになるのかは分からないですし、努力あるのみですよね。彼の好みの顔に近付けるようにメイクを覚えたり、ダイエットしてみたり。言葉遣いを綺麗にしてみたり、料理を覚えてみたり。セフレの彼が身も心も他の男に使わせたくねえと思ってくれるように精進しましょう。

25

好きなのに一緒にいられないことも
つらいんだろうけど、
一緒にいるのに信用出来ないことも
つらいから。

26

恋愛観は合うのか。

お互いの趣味に理解が持てるか。

生活リズムは大体同じか。

相手との添い寝に不快感が無く、

しっかり快眠出来るのか。

親に紹介出来るのか。

長く付き合っていくつもりなら、

絶対に確認しておいた方がいい部分。

これらも満たしてやっと

「相性がいい」と言える。

「好きでいなきゃいけない」

と思った時は恋の終わり。

CHAPTER 3
LOVE HURTS

「好きになっちゃいけない」

と思った時が恋の始まり。

27

許せることは愛だと思うよ。
何されても許して一緒にいたいのは、
許さずに手離す方がつらいからでしょ。
そんな風に思えるからでしょ。
そして、貴方は私を許さないから
もう愛じゃないんだねって具合で
〈愛の目安〉になると思うんだよね。
許せるか、許せないかで。

28

本当に好きなら疑った方がいい。
本当に好きな相手に裏切られたら
めちゃくちゃしんどいだろうから。
本当に好きなら
信じてるフリを貫いた方がいい。
そっちの方が単純に可愛いから。

29

相手の全部が好きで好きで
堪らなくて
一緒にいて楽しいのが恋愛。
離れなきゃいけないって
分かってはいるけど
離れられなくて苦しいのが依存。
恋愛は女の子を可愛くするけど、
依存してる女の子は
日に日にブスみが増す。

30

大切な人に嫌われるから
「嫌だ」という感情がでてくるのであって、
自分の人生において主要人物でない人が
何を言ってこようが傷つくことは無い。
自分のことを大切に思ってほしい人達を
大切にすることが大切なのである。

31

約束を何度も何度も破られるのは
貴女が相手にとって
「必ず約束を守ってまで
信用・信頼を得たい相手」
でないということは分かりますか？
口だけの人間だと
思われたくなければ約束は守るし、
まあ嫌われたら嫌われたでいいやと
思わせてしまえば
約束なんて簡単に破られますよ。

32

「会えない時間が
愛を育てるの」って思えるほど
頭ん中お花畑じゃないけど、
会えない時間の中で
愛の大きさに気付けるとは思ってる。
どれだけ真っ直ぐ想ってられるか。
寂しくて耐えられないならその程度。
他が良く見えるならその程度。
会えなくても想い続けられるなら、
想ってあげてたらいい。

33

「重たい女」と「面倒くさい女」が
別モノだってことも分からない女の子は、
また男の子に「重い」って理由で振られて
「重たい子が好きって言ったじゃん！」って
暴れるんだろうな。
「面倒くさい」って言いづらくて
「重たい」って言われてるだけだよ。
気付いて治した方がいいよ。

34

「こんなにしてあげたんだから、
これくらいしてくれて
当たり前でしょ！」なんて
不良品の押し売り
みたいなことはしたくない。
「これだけしてくれたから、
私もこれだけしてあげるね！」で
やっていく。
気持ちもお買い物も
等価交換がベストだと信じています。

EPISODE

ダメ男への依存から抜け出すといい恋が出来るよ

ろくに働きもしない、女遊びが激しい、怒ると物に当たる、謝れない、感謝が出来ない、酒癖が悪い、金遣いが荒い、お金に困るほどのギャンブラー、女や子どもにも手を上げる。色んなクズ男がいても好きな間は離れられない。

でもね、そんな男が存在するからいい男の良さに気付けるの。世の中イケメンで、優しくて、思いやりがあって、お金持ちで、一途な男ばっかりだったらきっと恋愛って凄くつまんない。逆に言えば、世の中どれだけの美人でも、男癖が悪かったり酒乱だったりする女がいるから、容姿に恵まれない私なんかを大切にしてくれる男の子がたまにいたりする。

人には人のいいところがある。きっと貴女が依存から抜け出せないクズな男にも、優しい一面や楽しかった思い出がたくさんあるんだろうね。ゆっくりでいい。SNSを見ないようにして、思い出の写真も見ないようにして、自分の趣味でも見つけて少しずつ彼のことを考える時間を減らして。きっと新しく素敵な恋が、そのうちいつか必ず出来るから。友達や家族にも応援して貰えるような恋が必ずいつか出来るから。あと少しだけ頑張ろう。失望して終わった恋愛は、必ず次の恋愛をより良いものに変えてくれますから。

35

「やきもち」と「嫉妬」って全然違う。
やきもちは可愛いけど、嫉妬って醜いんだよね。
「なんで他の子に優しくするの〜」って言える女と
「お前さ、なんであいつに優しいの？　うぜえ」って
言っちゃうので全然違くない？

36

付き合って行く上で大切なのは
「我慢」と「理解」だと思っています。
自分を出せず、溜め込んで溜め込んで
そのうち爆発するってのは良くない。
「この人のために我慢して良かった」と
思わせてくれる人を選ぼうね。
じゃないと死ぬよ。

37

我慢は身体に溜まるので、
段々と重たくなってしまいます。
キャパを超えて吐こうとした時に、
その重さの分だけの見返りを
求めるようになります。
吐き出したせいで彼に振られたら
「あんなこと言わなければ良かった」って
思うんでしょ。違うからね。
我慢せずに、もう少し甘えたら良かったんだよ。

38

「この人のこと好きでいても
何も変わらないんだろうな」って
思っても、
諦めるのはなかなか難しい。
でも連絡も取らないようにして、
会わないようにしてると
最初のうちはつらいけど
段々それに慣れてくる。
慣れた頃には
「依存して執着してただけで
好きじゃなかったんだな」って
思えるようになるよ。

39

「どうでもいい」は護身術だからね。
どうでも良くならないと
終わりの見えないモヤモヤやら
悲しみや倦怠感が払拭出来ないから、
自己暗示をかけて
どうでも良くなってんの。
仕事も恋愛もなんでも、
不満があることは
ストレスで爆発する前に
一旦「どうでもいい」に変えないと。

40

「今彼も好きだけど元彼も好き」って、
どっちも好きじゃないじゃん。
どっちにもいい顔して
ちやほやされてる自分が好きなだけじゃん。
本当に好きな男が出来たら
二番もキープも必要ないし、
むしろ邪魔だから。
大して好きでもない男達に
好かれてる自分に酔うくらいなら、
一途な自分に酔った方がいい。

幸せは
「なる」
もんじゃなくて

「気付く」

もんだわ。

EPISODE

元カノの話をしてくる彼は、おそらくまだ未練がある

まだ私が10代の頃。当時の彼氏とファミリーレストランに行った時、彼が私に向かって「アイツさ、いつもここに来たらプリン頼んで上のカラメルから先に食べんの」と嬉しそうに話してきたことがある。アイツというのはその彼が3年間付き合ってた彼女のこと。私は知らない人。彼とは地元が一緒で幼馴染だったらしい。

元カノがどんな人か何となく気になって、ＳＮＳを調べて写真を見たことがある。初めて見た時はびっくりするくらい私と顔が似て

いたし、彼氏の友達に会わせて貰った時も「元カノに似てる」と散々言われたので多分本当に顔が似てたんだと思う。

ただ元カノはお金持ちの家系のお嬢様で私とは正反対の巨乳。ハイスペックで話を聞いている分には羨ましい限りだった。彼とは女側の浮気癖が原因で、あまりいい別れ方でなかったと聞いていたし、何にせよ今選ばれたのは私なんだから……とあまり最初は不安に思わなかった。

そんな私の自信を彼は元カノと同じ癖のある食べ方で、プリンを頬張りながらぶっ壊してきたわけだ。

それからというもの、私から聞いているわけでもないのにやたらと元カノの話をしてくるようになった。デート先で流れていた曲を聴いては「元カノが好きだった曲なんだ」、私の服を選びについてきてもらった時には「これ似たようなやつアイツも着てた」といった具合で。

私が笑った時に「お前の笑った顔マジで元カノに似てて好きだわ」と言われた時に限界が来て「私が知りたいのは貴方のことであって貴方の元カノのことじゃない」と泣いて怒鳴って帰ったのも覚えてる。毎日彼から謝りの連絡が来ていたけど、会いたくなくてずっと無視していた。

何日か経つと連絡が来なくなって、だけどそれはそれで寂しくて私から彼に電話を掛けた。出なかったんだけど。そして次の日の朝、携帯を開いたら彼から一通のメールが入っていた。「昨日の夜、元カノが相談あるって言うから会って話してた。外寒かったから送るか聞いたら俺んちに来たいって言うから入れた。ヤッたごめん」とだけ。

何となく嫌な予感はしていたけど本当に当たるとは。結局また泣きながら電話をして話をした。今でも聞かなきゃよかったと思ってはいるけど案の定「元カノが好きならなんで私と付き合ったの?」なんて野暮な質問をしてしまった。

ここまで読んでくれた皆さんはもう既に分かっちゃってるとは思うんですけど、答えは結局「元カノに似てたから」でした。

やっぱり未練のある相手の代わりにはなれないし、男が元カノの話を聞いてもないのにベラベラ喋ってくる時は、未練がある時なんだろうなと改めて実感した。まあ、元カノの代わりなんて絶対なりたくないんだけど。

CHAPTER 4

人生も恋愛もつらすぎるうえに面倒くさいな

WHAT A PAIN

01

「もういいよ」の一言で
救われたこともあるし、
死ぬほど泣いたこともある。

02

貴方は覚えてないと思うけど、
私は貴方に初めて
名前で呼んで貰えた日も、
初めて一緒に食べた物も、
初めて手を触れた場所や
シチュエーションまでも
全部全部覚えてるよ。
多分この先もずっと、
私だけが色々覚えてくんだろうね。
もっと好きになっちゃうんだろうね。

03

いつも優しい人が
自分を責めて泣いていて、
優しくない人が開き直って笑ってる。
つまんない世の中。

04

約束しなければ
破られることもないし、
期待しなければ
失望することもないでしょ。

05

言わないだけで知ってるし、
知ってるだけで泣かないよ。

06

諦めたい人って
諦めたい時に連絡が来たり、
たまたま会っちゃったりして
忘れられないもんだね。

07

「まだ俺のこと好き？」って
LINEが来てた夢を見た。
夢で良かった。

好きな人の目に映る
私以外の女の子が、

CHAPTER 4
WHAT A PAIN

全員芋ようかんだったら
どんなにいいことか。

08

「会いたいから会いに来て」なんて
数え切れないほど言われたけど
「会いたいから会いに行く」なんて
言われたことあったかな。

09

二人の間だけで流行ってた曲も、
貴方が何回も歌うから
いつの間にか覚えてしまった曲も、
もう聴くことは無いのだろうと。

10

大好きで付き合えて
別れた男よりも、
大好きだったのに
付き合えないまま
諦めた男の方が
いつまでも私の中で
綺麗に残ってる。

11

笑った顔が大好きで
仕方ありませんでした。
ガッチリした男らしい体型、
思わず飛びつきたくなるような
広い背中。
本当に大好きでした。
いつか忘れなきゃいけなくなる日が
来るのは分かってたけど、
まさかこんな急だなんて。
本当に大好きだったし、
これからも大好き。
嫌いになれなくてごめんね。

12

聞きたいことを聞くだけで
「重たい」「面倒くさい」って
思われてしまうんじゃないかって
いつもビクビクしてる。
いつからこんなに恋愛に
臆病になっちゃったんだろ。

13

報われないまま好きでいることよりも、
嫌いになれないことの方が私の身にはこたえる。

EPISODE

ただ一緒にいるということが、お互いの最大の利益であればいい

今まで彼に捧げた時間やお金、身体、他には気持ち。なんだっていいけど、それだけ捧げてきたのに「今離れたら勿体無い」なんて思わなくていいんです。きっと明日も1週間後もずっとずっと同じこと考えてる。どこかで見切りをつけないと「勿体無い」を繰り返し続ける。そんな時間が一番勿体無いと思うんです。

私にも男の子をどうにかお金で繋ぎとめようとしていたことがありました。もちろん彼に「お前に金が無くなったら離れる」なんて

一言も言われなかったし、毎日優しい言葉を掛けられていました。

でも冷静に考えたらおかしいですよね。学生の頃は身体の関係が無くても、お互い裕福じゃなくても一緒にいられたじゃないですか。理由なんて「一緒にいたい」ってただそれだけだったんです。

一緒にいるということがお互いの最大の利益であればいいのに。相手の金銭的な利益や自分の肉体的な利益なんて、そんな悲しいものに囚われない、自由な恋愛が一番幸せでいられると思うんです。

女の子が綺麗になるためには悪い恋を終わらせること。それと素敵な恋を始めること。悩んで泣いてばかりいたら、老け込むのも早くなっちゃいますからね。

今は好きが
溢れかえるくらい
大好きだけど、

CHAPTER 4
WHAT A PAIN

何年か経ったら私はきっと
他の誰かのために
一喜一憂してるんだと思ったら
「愛ってなんだろう」って。

14

今どうしようもないほど好きな人も、
寝て起きたら
どうでもよくなってるかもしれない。
今私のことを
好いてくれているあの人も、
明日もまだ好きでいてくれるとは
限らない。
心変わりは人の世の常。

15

「会えない時間が寂しい」じゃなくて
「会えない時間に貴方が私のことを
思い出してくれなかったら」っていう
不安が寂しくさせてるんだよね。

16

会話の合間に中高生の頃なら
何気なく聞いていた
「今日は何するのー？」とか
「誰と遊ぶのー？」とか。
今じゃもう聞くだけで
面倒くさいと思われてしまう
気がするし、
全然聞けなくなってしまった。

17

どうしようもないほど
好きだったはずの人も
思い出になったと思ってたけど、
よくよく考えたら
思い出せすらしなくなってる。
相手の誕生日も、交際期間も、
下手したら
フルネームも顔も思い出せない。
多分当時は覚えてたし、大切だった。
美化できたと思ってたら
消化してただけだよ。
さよなら、淡い青春。

18

相手の浮気の物的証拠を見つけた時、
浮気現場を目の当たりにした時。
心臓が急に重たくなって、
頭の中がサーッと冷たくなって
真っ白になって、
脚にも手にも
力が入らなくなるあの感じ。
ただただショックで仕方がなくて、
声も出なくなるあの感じ。
疑惑が確信に変わる時は
いつも苦しい。

19

知らない方がいいことなんて、
世の中たくさんあるよ。
でもバレて悲しい思いするくらいなら
最初から言ってくれたら
良かったのにって思うんだよね。
やるなら徹底的にやって。

20

「なんかちょっと寂しかったから」とか
「なんかちょっと暇だったから」って理由で
全然かまわないから、
連絡くれたり「会いたい」とか言って
思わせぶりしてくれたっていいじゃん。

EPISODE

ただの友達だと思っていたのに。もう少し早く気持ちに気付いていたら

「別にアイツは友達以上の関係だけど付き合ってないし付き合う気もない（笑）」と本気で思っていたはずの男の子に好きな女の子が出来た。「本当に何もかも可愛いんだよね」と笑う彼に全然良かったじゃんなんて思えなくて、何故か心の中がもやもやしてた。

別に付き合ってたわけでもないから浮気されたわけでも取られたわけでもない。でも何故かイヤで、ちっとも面白くなかった。「好きだよ」なんて言ったことも思ったこともなかったけど、そこそこ

の時間を一緒に過ごしてきたし、これからもずっと一緒にいそうな気さえしていた。この気持ちが、自分からの一方的なもので、彼はそうじゃなかったという事実を受け入れたくなかっただけなのかもしれない。

考えると落ち込むので連絡を返すのをやめた。しばらくしてたまたま彼と会う機会があって、久しぶりの二人の時間とそれまでは全く苦じゃなかった沈黙の時間が重たくて、口をついて出た言葉が「そう言えば好きな子と上手くいってる?」だった。内心やらかしたなとは思ったけど、彼が「もう連絡取ってない。なんか違ったわ（笑）」と笑いかけてきて少し嬉しくて、少し悲しかった。

多分私以外の人には分からないだろうけど、彼の笑った顔は少し寂しそうで、きっとその子に失恋したんだと思う。

彼がその子に振られたら「あの時好きやったんよ」と少しふざけ

て伝えるつもりだった。結局言えなくて、強がって笑う彼にぎゅっと抱きついて「まあ女なんてたくさんいるから次行こ次」と言ってしまった。多分彼は私の気持ちに気付いていたけど、それ以上踏み込んではこなかったし私達の関係はここまでなんだろうなと悟った。自分の気持ちに気付いてしまった以上、これ以上会うとつらい思いをすると分かったのでそこからまた連絡を自分から断つことにした。後悔はしていないし、きっと彼は幸せになってると思う。でもやっぱり付き合って別れた人との思い出よりも、付き合えないまま終わった人との思い出の方がいつまでも私の中で綺麗で温かい。

21

お願いだから、
私の大好きな彼に
そんなに近寄らないでよ。
だって、私じゃ貴女には
絶対敵わないもん。
何をしたって、想ったって、泣いたって。

22

貴方の言う「好き」と
私の言う「好き」が
別物だって分かってた。

23

私が一人で「どうしたらどうしたら」って
右往左往している間に、
貴方はトントン拍子で幸せになるのね。

24

貴方に私は要らないかもしれない。
私がいなくなって何も困らないかもしれない。
でも、私には貴方が必要で、
貴方がいないと困るから。
だから会いたいんです、会いに行くんです。

25

私がしたかったことも、
私がしてきたことも、
全部全部貴方にとっては
初めてじゃないんだから、
そりゃあ何の新鮮味も
感じられないよね。
私が貴方にあげたかった初めては、
いつも貴方が
幾度となくこなしてきた
一回で終わっちゃうんだもんね。

26

貴方に呼ばれたあの日、
会いに行ってたら、
私今も貴方のことで
泣いてたと思うの。
貴方から電話が掛かってきたあの日、
電話に出てたら私今も
貴方がいなきゃ何も出来ない
ダメな女のままだったと思うの。

27

当時は多分泣けるほど
好きだったはずの元カレも
大好きだった人も、
時間が経ったら楽しかった思い出も、
彼の誕生日も、楽しみだった記念日も、
どこが好きだったかも思い出せなくなる。
それでいいよね、
忘れたくなかったこともあったんだろうけど、
結局全部忘れちゃって。

28

もしいつかね、
彼が私を「あんなやつくらい
いなくなったっていいわ」って
捨てたとしよう。
でもそのあと何かのタイミングで
「今あいつがいてくれたら良かった」って
思ってくれたらいいな。
何が言いたいかというと、
私は彼の一円玉になりたい。
そう、一円玉。

29

お話ししてる時も、
一緒にごはん食べてる時も、
二人でテレビ見てる間も、
お互い仕事中で会えない間も、
喧嘩してても、
本当にずっと幸せだった。
どれだけ寂しくても
好きって気持ちが勝ってたんだよ。
でもね私ばっかり幸せで、
彼がそうじゃないってのは
やっぱり耐え難い。

忘れたいって
思ってるうちは

CHAPTER 4

WHAT A PAIN

忘れらんないんだからさ。

CHAPTER

5

女も男も
めちゃくちゃ面倒で
クズで自分勝手で
最低だけど、最高

HUMAN HIGHEST

イケメンと
セックスしたからって

CHAPTER 5
HUMAN HIGHEST

お前が美人になるわけじゃないのにな。

01

男ってものは悲しいことに
「何回も裏切って何回も泣かしたけど
健気に帰りを待ってくれてた女」のところに
帰るんですよ。

02

本気でブスやってるこっちサイドに対して
「冗談は顔だけにしろ」はマジで喧嘩売りすぎ。

03

今日もきっと私の大好きな彼は、
他の女の子と、私の知らない顔で、
私の知らない時間を過ごしているのよ。

04

「大事」「大切」と「特別」って
全然違うんだから、
「大事」「大切」にしたくらいで
「特別」にした気にならないでほしい。

05

この間まで浮気されて
泣いてたはずの女友達に
新しい彼氏が出来て浮気して、
それがバレて喧嘩して
「てかさ、浮気って
される方が悪くね？
浮気されたくねえなら
ガチガチに縛っとけよって
感じじゃん（笑）
本当キモいんだけど（笑）」と
マシンガントークで
私に愚痴ってくるの、
最高に女って感じがして好き。

06

「ホテル行ったけどヤッてない」
「家入れたけどヤッてない」
「キャバクラ行ったけど
可愛い子いなかった」とか
そんなことどーっでもいいわ！
そもそもホテル行って、
家に入れて、
キャバクラ行ったことが問題なのが
分かってねーのかよ！

07

愛の無いセックスばかり
してきた皆さんに朗報です。
愛の無いセックスは贅沢なオナニーなので、
皆さんは実質処女なのです。
胸を張って我こそは処女だと
言い切ってください。
愛の無いセックスしかしたことのない
そこの貴女。
まだ貴女は、処女なのです。

08

「付き合う人が
毎回クズ」っていうのは、
元々クズだった人間と
毎回付き合ってしまっている
可能性とは別に、
毎回付き合った人間を
自分がクズにしてしまっている
可能性も考慮すべきだよね。

09

彼女に女友達のことを説明する時に
「あいつは妹みたいなもん」って
言ってる女とはヤッてるし
「連れやからそんなんじゃねえ」って
言ってる女ともヤッてるし
「ホテル行っただけで
何にもしてない」って言った時も
結局ヤッてる。

10

可愛げのある男の子って本当にズルい。
私の機嫌を損ねたところで
屈託のない笑顔で
「悲しい思いさせてごめんね、
ご飯行こっか」なんて言われたら
許しちゃうじゃん。

EPISODE

性欲で浮気する男より頭使って浮気する女の方がたちが悪い

男の子の浮気って可愛いもんだと思いませんか?　「可愛くねえよ」と言いたい気持ちもよく分かるんですけど、やっぱり女の浮気の方がたちが悪いんですよ。

男の子の浮気って本当にバレないだろうと思ってやらかしちゃう、いわば「ノリ」みたいな部分あるじゃないですか。あとは本当にただの性欲。抱こうと思えば抱ける女が目の前にいて、何となく彼女にバレない気がしたし、相手の女も満更じゃなさそうだから一回くらいなら……って。

一方女ってやっぱり頭の回転が速い。浮気をする前に必ず言い訳を用意してるんですよね。「寂しくさせた彼氏が悪い」「束縛してくれなかった貴方の責任」「彼だって前に浮気してたしなあ」なんて。

こうなるともう大変。浮気がバレた男の子って反省してて可愛いんです本当に。でも浮気がバレた女の子っていうのは一向に自分が悪いなんて思ってませんからね。ただ怒られてる時間を短くしたいがために謝るし泣きます。あんまり長く怒鳴り続けてても内心「あ～こいついつまでキレてんだよ面倒くせえ」ってなってますから。「泣けば済むと思ってんのかよ」って喧嘩中に男の子が女の子に向かって言いがちですよね。思ってますよ、泣けば済むって。

11

男が言う
「自由でいたい」っていうのは
「特にお前から
心移りすることは無いつもりだけど
俺もまだ若いしある程度モテるから
ちゅーくらいするけど
それくらいのことで
いちいちガタガタ言わんでくれよな
最終的にお前んとこ帰んだから
まあこんな俺だけど
広い心で許してやってくれや」
という意味ですよ。

12

ほとんどの場合女の子は、
ちょっと不安にさせてくる
くらいの男に
何故かドキドキしちゃう生き物だし、
男の子はこいつには俺しかいないって
思わせるような
献身的な女の子が
可愛く見えちゃう生き物。
だからいつまで経っても
都合の良い女ってもんは
減らねんだな。

13

「お前のこと傷付けたくなくて」って
すごい自分本位だよな？
結局容赦なく傷付けるクセに。

14

自分の彼氏の元カノを気にして
いつまでもグチグチ
言い続ける女よりも、
昔のことは昔のことと割り切って
笑って流せる女の方が可愛いし
大切にされるに決まってる。
ただ現在進行形で
「今はただの友達だし何もない」
なんて抜かすような彼氏や、
彼氏にベタつく元カノがいるなら
それは絞め上げろ。バレずにやれ。

15

男の人の方が浮気をするイメージが
強いですが、
実際女もめちゃくちゃしてます。
隠すのが上手いだけです。
そう考えると
なんだかんだでバレちゃう男の人って
可愛いですよね。
その点女は浮気がバレても
逆ブチギレ発狂、
挙句の果てには
開き直る場合もありますよね。
なんて可愛くないの。

16

向こうがちょっと悪いことして、
こっちが不貞腐れてる時に
「はいはい俺が悪かったって」とか
「謝ってんじゃゃん」とか言われるとかなり冷める。
「ごめんね許して〜」とか
ぬいぐるみ越しに喋ってきてくれる男の方が
可愛くて許せる。
男だろうが女だろうが可愛げは欲しい、本当に。

目に見えないから
本当にそこにあるか
分からないものって、

壊せば存在を
実感できるよね。
空気とか愛とか。

17

彼氏が他の男の子に
「俺の女だから取んなよ」と言うのは
当たり前に嬉しいんですけれど、
自信満々に
「俺の女だけど取れるもんなら取ってみろよ」
と言われる方が
こちらの性癖にぶっ刺さりますね。
私の中の尊み秀吉殿が、
天下を統一なさる。

18

こんな私ですが、
一応女の子出身なので
「クリスマスプレゼント買う時間
無かったごめん」とか言われて
「えっ、いいよ気にしないで！」
とか言いながら就寝して、
起きたら薬指にペアリング
はめられたかったです。

19

私だって好きな人と
二人でお洋服の買い物行って、
店員さんに
「こちらペアルックも
ありますよ！」って言われて
「いや付き合って
ないんです！」って言いたいし、
その後に好きな人に
「もうすぐ付き合うかも
しれませんけどね（笑）」
とか言われて
「えっ♡」ってなりたいわ。

20

私の言う
「幸せになりたい」っていうのは、
大量のブランド物に
囲まれることでも、
高級マンションの最上階に
住むことでもなくて、
ただ「世間一般的に彼が
イケメンの部類に入るか
どうかは知らないけど
私はとってもタイプです」って
言い切れる彼氏を作って、
ひたすら膝枕でもして
甘やかしたいという意味です。

21

夏目漱石の
「月が綺麗ですね」という文章は
「愛してる」という意味で、
男が
「家でＤＶＤ見よう」というのは
「セックスしよう」という意味だと
プレイボーイが仰っていました。

22

どんな精神状態でも、
大好きな彼による私のためのぎゅーの一発で
全部マックスに戻される感じヤバい。
仕事のイライラも、人間関係のストレスも
彼に対する不安も全部チャラになって
幸せがエクスタシーするあの感じ。
彼チャージ最高。
四六時中彼チャージしててほしい。

EPISODE

面倒くさい女は
それ以上の愛があなたにある

女って本当に面倒くさい。女を見てても女をやってても面倒くさい。「私はずっと我慢してた」って言い出したり、いちいち勝手に干渉して暴れ出すし、終いには「ねぇ、私って面倒くさい？」の質問攻め。その質問が既に面倒くさい。

怒ってないのに「怒ってるんでしょ？」としつこく聞いてくるから怒ってしまうし、冷めてもないのに「冷めたなら冷めたって言ってよ」と暴れるから冷める。「冷めてないよ大好きだよ」と伝えたところで「嘘つき」って聞く耳も持たないし、ＳＮＳに見るからに彼に宛てたポエムを連投し始める。面倒くさい。

でもやっぱり申し訳ないけど、面倒くさいところまで全て受け入れてほしい。「ねえ、私のこと好き？」「好きって言ってよ」なんて、好きじゃない男の子なんかに絶対に聞かない。好きだから知りたいし、好きだから分かって貰いたいし、好きだから不安になる。それでも質問攻めが面倒くさいなら、聞かれる前に毎日「好きだよ」ってしつこく伝えるなり、ヒステリーを起こして「俺はこんなに好きなのに」と暴れてよ。

でもそれだとやっぱり女々しいので、やっぱりそこは女の子にやらせてくださいね。面倒くさい分だけの気持ちがそこにはあります。

23

失いたくないもんが出来るとマジで人間弱くなる。

24

初手合わせを迎える
可能性がある男の子に、
前もって「私凄い濡れにくくて
困ってるんだよね…
だからいつも痛くなっちゃって
気持ちいいと思えたことない…」
なんて言う女は、
9割の確率でスゲェ濡れるし、
事後に「こんなに濡れて
気持ちよくなれたの
○○君が初めて！」って
台詞まで用意してる。

25

「いい子でいなきゃ」って
責任感が強い女は、
男への不満を
口にも態度にも出さずに
溜め込み続ける。
爆発する頃には
急にいなくなることもある。
全然不満がある素振りも見せずに
急にいなくなるから男の子側は
びっくりするんだろうけど、
女って案外そんなもんよ。
見切りをつけた女は
めちゃくちゃ強い。

26

めちゃくちゃドタイプの
イケメンと喧嘩した時に
「こっち見て話せよ」とか言うの
ズルいでしょ。
顔見ただけで
何で怒ってたか忘れるし、
全てを許してしまう。
分かってたから下向いて
喋ってたのに
そんなのズルい。
怒った顔も落ち込んだ顔も
素敵、素敵すぎる。
全ての瞬間を
一眼レフで写真に収めたい。

27

仲直りセックスってどうやんの？
今まで仲直りできないくらいの
喧嘩したら
背中から飛び蹴りくらうか、
膝蹴りで肋骨《ろっこつ》折られるか、
歌舞伎町で土下座させられて
背中を足で踏まれるかしか
されたこと無いし
どのタイミングで誘えばいいの？
肋骨押さえながら
「濡れてきたかも♡」って
言えばいいってこと？

28

女の子の仲良しグループの中の
何人かを食い散らかして
「アイツら食ったったわ」
みたいな具合で高笑いしてる男の子。
死ぬほど女子会のネタで
お前のセックスについて
ディスられてるぞ。
お前の息遣いのモノマネで爆笑され、
お前のセックスの
気持ち悪いところ山手線ゲームまで
始められるぞ。

「他の男と一緒にすんな」
ってセリフが

CHAPTER 5
HUMAN HIGHEST

もう既に他の男と一緒説。

「俺がお前のこと
守るから」って

CHAPTER 5
HUMAN HIGHEST

具体的に何から守ってくれるのか。

29

「好きになった人に限って
全然振り向いてくれなくて、
興味無いヤツに限って
好き好き言ってきて
面倒くさい」って
よくあることだよね。
好きなあの人もきっと、
同じことを思ったことが
あるだろうね。

30

「俺じゃお前のこと
幸せに出来ない」の意味は
「そもそも幸せにする気もないけど
綺麗に話片付けないと
後々面倒くさいから
俺が悪いことにして
丸く収めよう」で、
言われた側の心理としては
「貴方がいてくれるだけで
幸せなのに、
私にとっての幸せが何かを
勝手に決めつけないでよ」です。

31

「可愛い大好きお前だけ♡」って
言われるのも、
もちろん大好きなんだけど
「うぜえしめんどくせえけど、
なんだかんだお前のこと嫌いになれねえよ」って
言われる方が大切にされてるなって思う。

32

「嫌だのダメだの言って
俺の手首摑んで抵抗してくるくせに、
パンツを脱がそうとしたら
スッと腰を浮かせてくる女は
控えめに言ってありがたい」らしい。

33

彼氏と喧嘩したことを愚痴ってくる女を
「でもまたなんだかんだ仲直りするって」と
いった具合で慰めた時に
「え〜今回は分かんない」などと、
頑なに仲直りの可能性を認めない女は
マジでヤレる。
彼氏がいようがヤレる。

34

「ちょっと考えさせて」と
連絡を何日間も取らなくなる男、
好きでいて大丈夫？
一つの物事考えるのに数日も
掛かる男なんて、
要領悪すぎて
恋愛させても仕事させてもダメ。
と言うよりも
「ちょっと考えさせて」
なんて言っておいて
ちっとも考えてないわ、
そもそも。

35

信じてくれなくていいから
「お前一人でいると
すぐ他の男のところ
行きそうだから
俺から離れんな」
とか言われて
同棲スタートさせたい。

EPISODE

女は常に少女マンガのような トキメキを求めています

手を繋いだ後でもいい。ぎゅーってした後でもいい。添い寝した後でもいいし、セックスしてる最中でもいいから「こんなこともう他の男としちゃダメ」って言ってほしい。「言ってくれないと他の男の子にも同じことをするよ！」なんて意味じゃなくて、その一言を言える彼が、完全にマイハートにクリティカルドキュンするということを分かってほしい。「お前がいないと俺嫌だよ」と子犬みたいな目で見つめられるのも好きだけど「お前は俺じゃないとダメだろ？」と意地悪な顔で頭を撫でられる方がマイハートにクリティカルドキュン する。

私の周りの女の子含め、女の子って案外少女マンガみたいなトキメキを実生活にも求めてる節があると思うんですよね。それに思ってた以上に少女マンガの王子様みたいなセリフをサラッと言えちゃう男の子も多いんです。

ただ少女マンガの王子様みたいなセリフをサラッと言える男は他の女の子にも同じことをサラッと言いやがる。けっして私だけに言ってくれているのではなく、言い慣れているだけ。

なので妄想だけにしておきましょう。広い地球のどこかに、皆さんの本物の王子様がいつか見つかりますように。

36

今の彼と付き合っていて
「付き合わなければ良かった」なんて
思ったことは一度もない。
でも、もし彼に振られて
付き合う前より彼が遠い存在になっちゃったら
「付き合わなければ良かった」って
私きっととっても悔やむよ。

37

貴女はメンヘラなんかじゃなくて、
ただの面倒くさい女だけれども、
それでも「お前メンヘラだよな（笑）」って
笑って傍にいてくれる彼がいるなら
「面倒くさくてごめんね」って
笑って傍にいてもらいましょう。
貴女の面倒くさい部分まで
認めて傍にいてくれるなんて、
いい男じゃないですか。大切に。

38

「頑張った」なんて声に出しては言わないけど

「頑張ったね」って貴方が

いい子いい子

してくれた時は

「頑張ったな私」って素直に思えた。

39

「酔ってる」って言ったら
「どこいんの？」って
寒い中迎えに来てくれて、
そのまま一緒に帰って
うとうとしてたら
「マジで心配だから
あんまり俺のいないところで
飲みすぎないって約束して？」
って言われて、申し訳無さと
眠気で黙って頷いたら
「いい子」って撫でられて
そのまま腕枕して寝てくれるって
妄想。

40

私の友達の彼氏が、
友達のいないところで
「俺の大事なあいつ（友達）の
大事にしてるモノなら
俺も大事にしたい。
だからお前（私）のことも
大事にする。
お前に大事な人が出来たら、
その人も大事にしたい。
こうやって大事なモノが増えるのが
堪らなく嬉しい！」って笑ってて、
友達は幸せ者だなと思いました。

EPISODE

代わり映えのしない彼の日常に当たり前のように私がいること

最初は顔もまともに見れないくらいドキドキさせてくれた彼氏。長く一緒にいすぎて嫌いになったわけではないけどドキドキしなくなった。というのはカップルが長く付き合っていくにあたって必ずぶち当たる壁。いわゆるマンネリ化というやつですね。簡単に言えば「慣れ」です。でも、お互いの存在が慣れてしまってドキドキ感が無くなるというのは必ずしも悪いことだとは思わないです。

私が思う悪いマンネリ化の傾向としてまずはお互いに感謝をしな

くなること。付き合った当初は彼がお迎えに来てくれた時や、彼女が料理を作ってくれていた時、ちゃんと「ありがとう」と伝えていたはずなんです。それが時間が経つにつれて「それくらいしてくれて当たり前」になるのは良くないこと。

他はお互いに可愛く、かっこよくいようとする意識の薄れ。化粧をしなくなったり、ムダ毛を整えなくなったり、平気で彼の前であぐらをかいたり、彼女との外出で寝癖を直さなかったり……。いつまでもドキドキさせようという意識がお互いになければそりゃドキドキなんてするわけ無いんです。

そして先ほど書いた、いいマンネリ化について。「マンネリ化」の意味を調べると「代わり映えがしない」という意味なんですね。代わり映えのしない彼の日常に、当たり前のようにいさせてもらえるって素敵だと思いませんか？

難しい話かもしれないので、例え話をするなら彼の家の冷蔵庫。彼にとってはあって当たり前かもしれないけど、無くなったら彼はきっととっても困ると思うんです。買ってきたジュースも冷たいまま保存しておけるのは冷蔵庫があるからじゃないですか。夏場外から汗だくで帰ってきても、冷蔵庫を開ければすぐ冷たいジュースが飲めるんです。

私は彼とどれだけ長く一緒にいても、私がいきなりいなくなったら「なんかいつもより食事を美味しく感じられない」と思ってほしいし、仕事で疲れて外から帰ってきた時も私の顔を見たら少しでいいから元気になってほしいなって思う。

41

彼氏彼女って
「声が聞きたかった」って
理由だけで
電話してもいい
関係じゃないの。

42

「好き」って言われたってだけで
好きになってもいいじゃん。
ワンナイトが
めっちゃ良かったってだけで
好きになってもいいじゃん。
どんな始まりであれ
実る恋は実るし、
失敗するやつはする。
始まりのきっかけが
どれだけ不純だろうが、
プラトニックだろうが、
終わりがどうなるかなんて
分かんないし。

おわりに

この度は、本を手に取っていただき、ありがとうございました。ツイッターを通して「りおめこ」という存在をたくさん認知し支えてもらったお陰で、KADOKAWA様にお声がけいただき、本を出版することが出来ました。

この本を制作するにあたって、これまで経験してきたたくさんの恋を振り返りました。素敵な恋から思い出しただけで死にたくなるほどつらかった恋まで色々あります。自分自身とてもつらかった時期もありましたが、今こうやってたくさんのフォロワーの皆さまやお友達に囲まれて笑顔で毎日過ごせています。恋をしている皆さまにとってこの本も、貴方を支える大切な存在になれたらいいなと思っています。

私もこの本を手に取ってくださった皆さまも、これから沢山の恋をすると思います。涙と笑顔の数だけ恋愛があります。いつか皆さまが素敵な恋愛を出来るように、今素敵な恋をしている人はその恋が長く続くように、これからもずっと心から願っております。「命短し、恋せよ乙女」なのです。

りおめこ

私《わたし》の恋《こい》人《びと》にならなくていいから、誰《だれ》のものにもならないで

2018年 8 月10日　初版発行
2018年11月15日　4版発行

著者　りおめこ
発行者　川金正法
発行　株式会社KADOKAWA
〒102-8177
東京都千代田区富士見2-13-3
電話 0570-002-301（ナビダイヤル）
印刷所　図書印刷株式会社

KADOKAWAカスタマーサポート
［電話］ 0570-002-301（土日祝日を除く11時～13時、14時～17時）
［WEB］ https://www.kadokawa.co.jp/（「お問い合わせ」へお進みください）
※製造不良品につきましては上記窓口にて承ります。
※記述・収録内容を超えるご質問にはお答えできない場合があります。
※サポートは日本国内に限らせていただきます。

定価はカバーに表示してあります。

 Printed in Japan　ISBN 978-4-04-065090-6　C0076